4655

CATALOGUE GÉNÉRAL

ET DÉTAILLÉ

DES LIVRES

ARABES, PERSANS ET TURCS

IMPRIMÉS À BOULAC EN ÉGYPTE.

J. A. Extr. n° 14. (1843.)

EXTRAIT N° 14 DE L'ANNÉE 1843

DU JOURNAL ASIATIQUE.

SE TROUVE

Chez l'auteur, rue Saint-Benoît, n° 26;

Et à la Librairie orientale de Mme Ve Dondey-Dupré,
rue des Pyramides, n° 8.

CATALOGUE GÉNÉRAL

ET DÉTAILLÉ

DES LIVRES

ARABES, PERSANS ET TURCS

IMPRIMÉS

A BOULAC EN ÉGYPTE

DEPUIS L'INTRODUCTION DE L'IMPRIMERIE DANS CE PAYS, EN 1822,
JUSQU'EN 1842.

PAR T. X. BIANCHI,

OFFICIER DE LA LÉGION D'HONNEUR, ANCIEN SECRÉTAIRE INTERPRÈTE DU ROI
POUR LES LANGUES ORIENTALES.

PARIS.

IMPRIMERIE ROYALE.

M DCCC XLIII.

CATALOGUE GÉNÉRAL

ET DÉTAILLÉ

DES LIVRES

ARABES, PERSANS ET TURCS

IMPRIMÉS À BOULAC EN ÉGYPTE
DEPUIS L'INTRODUCTION DE L'IMPRIMERIE DANS CE PAYS, EN 1822
JUSQU'EN 1842.

L'introduction de l'imprimerie, au XIXᵉ siècle, dans l'antique patrie des Pharaons, méritait d'être remarquée; ce catalogue constate ce fait historique et en fait connaître les résultats.

Ce n'est que depuis 1822 que l'art de Guttemberg a été introduit en Égypte par ordre du vice-roi actuel Mehemmed-Aly. On trouve dans le tome XVI, page 409, de la traduction française de l'Histoire de l'empire Ottoman, par M. de Hammer, une première liste des ouvrages sortis de l'imprimerie de Boulac, dressée par ordre chronologique, et qui se compose de trente-huit articles. Une seconde liste des mêmes ouvrages, au nombre de cinquante-cinq, dressée par M. Reinaud, et classée par ordre de matières, se trouve également dans le tome VIII du Nouveau Journal Asiatique de l'année 1831. Mais, à partir de l'époque où s'arrêtent ces deux premières nomenclatures, aucun ouvrage publié en Europe n'a fait connaître encore l'état de l'imprimerie égyptienne, ni le nombre total et la nature des publications qu'elle a pu produire jusqu'à ce moment. Ce nombre, cependant, mérite de fixer l'attention des orientalistes, puisque, pour les dix années qui viennent de s'écouler, il a été presque quintuple de celles qui suivirent immédiatement l'introduction de l'imprimerie en Égypte, jusqu'en 1830.

Jusqu'à ce jour, il n'a existé dans toute l'Égypte qu'un seul dépôt des livres imprimés, et c'est encore, dans ce moment, à l'imprimerie de Boulac même, que ces livres se conservent amoncelés en pyramides, sans que le directeur lui-même les connaisse, et sans qu'il soit jamais venu à l'idée de personne d'en dresser et publier une simple liste. Cette circonstance explique la difficulté et le retard qu'a éprouvés, jusqu'à ce moment, la publication d'un catalogue exact et complet de tous ces ouvrages. D'ailleurs, l'impression des meilleurs et des plus importants a, depuis quelque temps, moyennant un faible droit, été abandonnée par le gouvernement à des éditeurs particuliers qui les publient et les expédient pour leur propre compte à Constantinople, Smyrne, Salonique et autres lieux, où ils se vendent trois ou quatre fois plus cher. Il résulte de cette disposition que la plupart des ouvrages sortis des presses de Boulac ne se retrouvent plus aujourd'hui au Caire ni dans le reste de l'Égypte.

Le travail suivant, que j'ai eu l'honneur de soumettre à l'appréciation de la Société asiatique, se compose en substance : 1° des nomenclatures bibliographiques publiées par MM. de Hammer et Reinaud, de 1822 à 1830 ; et 2° de la traduction que j'ai faite d'un catalogue écrit en arabe, et qui a été rédigé conformément à l'ordre et au plan que j'avais indiqué moi-même lorsque j'en fis la demande, l'année dernière, en Égypte. C'est à l'obligeance de M. Dantan, premier drogman du consulat général de France en Égypte, et à M. Geoffroi, drogman chancelier au Caire, que je dois la communication du texte arabe de ce catalogue. Ce document, comprenant la totalité des livres imprimés depuis 1830 jusqu'à la fin de l'année 1842 (1258 de l'hégire), se compose, à lui seul, de 188 articles, nombre qui, ajouté aux 55 articles des nomenclatures antérieures de MM. de Hammer et Reinaud, porte à 243 articles l'ensemble de ce catalogue général de la bibliographie égyptienne. Au nombre des livres imprimés depuis 1830, une cinquantaine environ appartiennent aux traductions arabes ou turques d'ouvrages français pour la plupart, et quelques-uns anglais, sur les mathématiques, la mécanique, la géodésie, toutes les parties de l'art militaire, la fabrication de la poudre, les diverses branches de la médecine, la chirurgie, la physiologie, la pharmacie, l'art vétérinaire, la marine, l'administration en général, et en particulier celle des hôpitaux ; les règlements sanitaires, la peste, l'agriculture européenne et celle qui est particulière à l'Égypte, enfin l'histoire naturelle et la botanique.

Presque toutes ces traductions ont été faites par les Égyptiens que Mehemmed-Aly envoya très-jeunes en France, il y a environ dix-huit ans. Parmi ces traducteurs on remarque souvent les noms du cheïkh Refä'a, de Georges Vidal, d'Acim-effendi, de Yousouf-Fara'oun, d'Edhem-bey, de Hassan-effendi, de Hanna-Anhouri, de Saïd Ahmed-Rachidi et autres [1]. Le nom de notre compatriote Clot-bey revient aussi, dans ce catalogue, toutes les fois qu'il mentionne des ouvrages relatifs aux quarantaines, au traitement de la peste, à celui des maladies cutanées et à l'inoculation de la vaccine.

Les géographies naturelle, descriptive et générale, ainsi que l'histoire de l'Égypte et d'une partie de l'Europe, ont également fixé l'attention des auteurs et traducteurs égyptiens Au nombre des ouvrages que l'on doit à ceux-ci, nous citerons particulièrement : le texte arabe et la traduction turque du Voyage en France du cheïkh Refä'a; une partie de l'Histoire d'Italie de Botta; le premier volume des Mémoires du duc de Rovigo, traduit en turc; un extrait, également en turc, du Mémorial de Sainte-Hélène; une histoire en arabe des philosophes anciens; une histoire des anciens Égyptiens, par le cheïkh Refä'a; un Abrégé de la géographie, par le même; l'Histoire de Charles XII, traduite en arabe par Mehemmed Moustafa; une histoire des rois de

* En parlant de la mission égyptienne en France et des hommes utiles qu'elle a produits, on ne saurait trop rappeler que c'est au zèle persévérant et au patronage éclairé de M. Jomard que cette institution a dû, depuis dix-huit ans, sa création parmi nous, sa conservation, et les succès qu'elle ne cesse d'obtenir dans l'intérêt et la gloire des deux pays.

France, accompagnée d'un synchronisme de l'histoire mahométane, par Esse'oud-effendi; enfin un Précis fort remarquable sur la formation et les progrès de l'ordre social et politique en Europe, traduit et extrait des ouvrages européens par le chef actuel du bureau des traductions.

Tout le reste des articles de ce catalogue, c'est-à-dire la partie la plus considérable, appartient à la littérature orientale proprement dite, et comprend les traités sur la grammaire et la lexicologie, tant arabes et persans, que turcs; les vocabulaires rédigés en vers pour l'enseignement de la jeunesse; les livres de théologie et de jurisprudence, ainsi que la traduction et le commentaire en turc du Multeca ou code universel, par Mehemmed Mevcoufati; un grand nombre d'ouvrages sur la rhétorique, la logique, la métaphysique, l'histoire, la politique, la morale, la science de la mysticité ou de la contemplation divine; enfin les livres de littérature légère ou de pur agrément, et les divans ou recueils de poésies d'auteurs persans et turcs, tant anciens que modernes.

Tel est l'aperçu sommaire des matières que renferme ce catalogue, et dont, après la lecture des articles suivants, on appréciera mieux encore et l'importance et l'utilité. Je dois remarquer ici que souvent, en m'occupant de ce travail, l'obscurité et l'incorrection même de quelques titres arabes m'ont fait regretter de n'avoir pas toujours eu à ma disposition, pour les consulter, la totalité des ouvrages que ce catalogue mentionne. Pour obvier autant que possible à cet inconvénient, j'ai pris sur moi d'ajouter à un grand nombre d'articles des annotations qui m'ont paru indispensables, soit comme moyen de rectification, soit pour établir une corrélation utile entre plusieurs articles de ce catalogue de la bibliographie égyptienne et ceux de l'imprimerie turque de Constantinople qui ont été publiés, depuis plus de vingt-cinq ans, par Eichhorn, dans l'Histoire littéraire; par M. de Hammer, dans les Mines de l'Orient, et par moi, à la suite d'une Notice sur un ouvrage de médecine.

D'après les travaux effectués, dans ces derniers années, par le bureau des traductions en Égypte, on peut espérer de voir bientôt encore ce catalogue s'enrichir de nouveaux articles aussi remarquables par leur importance que par le choix des sujets. Le nombre des manuscrits d'ouvrages en tous genres prêts à être livrés à l'impression s'élève déjà, assure-t-on, dans ce moment, à plusieurs centaines, parmi lesquels on cite :

1° Une traduction arabe des œuvres complètes de Montesquieu.

2° Par M. Chabassy, professeur d'anatomie descriptive, la traduction arabe des ouvrages suivants :

L'Anatomie descriptive, de Cruveilhier;

Discours sur les devoirs du médecin, et classification des branches de la médecine,

L'art de disséquer, par Lauth;

La quatrième livraison du Dictionnaire des dictionnaires de médecine, par Fabre.

3° Par M. Essaouy, professeur d'anatomie générale, etc. :

>La Pathologie interne, de Roche et Sanson;
>
>L'Anatomie générale, de Bichat;

4° Par M. Mohammed Chassey, professeur de clinique et de pathologie interne :

>Traité sur la diagnostique et le traitement des maladies (2 volumes, sous presse);
>
>Traité de thérapeutique, de Martinet.

5° Par M. Perron, directeur de l'École de médecine du Caire :

>Sa traduction en arabe du premier volume de ses Leçons de chimie.

Sous presse également, le texte des Séances de Hariri, مقامات حريري, *Maqâmâti Hariri.*

Lors même que l'utile création d'une mission égyptienne en France n'aurait produit que de tels résultats, ce serait encore un glorieux paragraphe de plus, que la reconnaissance et l'admiration de l'avenir pourraient ajouter à l'histoire future du régénérateur de l'Égypte. Puisse l'exemple de ce progrès scientifique et littéraire donné à la métropole par l'Égypte, sous le gouvernement de Mehemmed-Aly, être bientôt imité, et contribuer enfin au succès des réformes aussi indispensables à la prospérité de l'empire ottoman qu'au maintien de son existence politique!

Si, depuis environ vingt ans, le gouvernement de la Sublime Porte avait, à l'imitation du vice-roi d'Égypte, fondé une mission de jeunes Ottomans à Paris, non seulement la Turquie se serait depuis cette époque enrichie des ouvrages que réclame encore son développement intellectuel, mais le sultan disposerait dans ce moment d'une majorité d'hommes capables et instruits qu'il pourrait opposer aux ennemis de la réforme, et qui serviraient utilement son gouvernement dans ses démélés politiques malheureusement trop fréquents avec la diplomatie européenne. L'envoi fait isolément de quelques jeunes gens sans direction, à Paris et à Londres, où quelques-uns à peine ont réussi, était une mesure insuffisante pour produire un si grand et si important résultat.

Plus tard, nous donnerons également le catalogue général des livres turcs, arabes et persans imprimés à Constantinople depuis l'introduction de l'imprimerie (en 1728) jusqu'à nos jours. Là aussi il y a eu progrès dans ces dernières années; mais, il faut en convenir, ils ne sauraient encore se comparer à ce qui s'est fait en Égypte.

Nous accompagnerons le catalogue des livres imprimés en Turquie d'un aperçu de la presse périodique dans ce pays. Sous ce rapport, du moins, la Turquie est plus avancée que l'Égypte même. Constantinople et Smyrne possèdent aujourd'hui des journaux bien rédigés en français et en turc, tandis que la seule gazette turque-arabe, qui se publiait au Caire il y a quelques années, a complétement cessé de paraître.

LISTE

DES OUVRAGES TURCS, ARABES ET PERSANS IMPRIMÉS À BOULAC
DEPUIS 1238 DE L'HÉGIRE (1822) JUSQU'À CE JOUR.

1. *Dizionario italiano e arabo, che contiene in succinto tutti i vocaboli che sono più in uso e più necessari per imparar a parlare le due lingue correttamente.* Un vol. in-4°, impr. en 1238 (1822).

Ce dictionnaire est divisé en deux parties. La première renferme tous les mots vulgaires disposés par ordre alphabétique. Dans la seconde, se trouve une partie de ces mêmes mots, classés suivant les objets auxquels ils se rapportent.

2. قانون الصباغة *Qânoun essibâghat*, Traduction d'un livre sur la teinture de la soie, d'après le traité de Macquer; ouvrage dédié par le traducteur à Dom Raphael. Un vol. grand in-4°, imprimé le 26 de zilqa'dé 1238 (4 août 1823).

3. خمبره جدولی *Khoumbara djedveli*, Table du jet des bombes. Un vol. in-8°, impr. au mois de rebiul-akhyr 1239 (nov. 1823). Ouvrage déjà publié à Constantinople en 1216 (1802). Voir le n° 240 de ce catalogue.

4. قانون نامهٔ احمد افندی *Qânoun-nâmèt ahmed efendi*, Réglements militaires d'Ahmed-effendi, imprimé au mois de redjeb 1238 (1823).

5. تلخیص الاشكال *Telkhys al-echkiâl*, Exposition des figures, ou traités des mines en usage à la guerre. Un vol. in-8°, en turc, impr. en 1239 (1824), par Hussein Rifki de Taman. Ouvrage déjà publié à Constantinople en 1215 (1801).

6. الای تعلیمی *Alâï ta'lîmi*, École du régiment et évolutions de ligne. Un vol. in-8°, en turc, imprimé en 1240 (1824).

7. ورطه تعلیمی بیانی *Ortha ta'lîmi beïâni*, École du bataillon. Un vol. in-8°, en turc, imprimé en 1240 (1824).

8. الآجرومية *Al-djuroumiè*, Traité de grammaire arabe, par l'imam Mohammed ben-Davoud. Un vol. in-12, imprimé à la fin de ramazan 1239 (mai 1824).

Ce traité est un des premiers qui aient attiré l'attention en Europe, lorsqu'après la naissance des lettres et des arts on s'y occupa des langues orientales. Le P. Thomas Obicini de Novare a donné de ce traité une traduction latine accompagnée d'un commentaire.

9. القانون الثاني فى درس العسكرى *El-qânoun essâni fi ders-il-'askeri*, Seconde règle des leçons militaires. Un vol. in-8°, en arabe, imprimé en 1239 (1824).

10. تعليم نامة پياده کان *Ta'lim nâmèï piâdèguiân*, École du fantassin. Un vol. in-8°, en turc, avec planches, impr. à la fin de zilca'dè 1239 (juillet 1824).

11. قانون نامة طوپجيان بحرية جهاديه *Qânoun nâmèï thopdjiâni bahriïèt djihâdïè*, Traduction des règlements d'artillerie de la marine militaire, en turc. Un vol. in-8°, avec quatre planches, sans indication de date ni de lieu d'impression.

12. جوهرية بهية أحمديّه فى شرح الوصية المحمّديّه *Djevheriïèt behiïèt ahmedïiè fi cherhil-veciïet il-mohemmedïiè*, les Perles précieuses d'Ahmed, servant de commentaire aux préceptes de Mahomet.

Ceci est un commentaire sur l'Exposition de la religion musulmane, ou Catéchisme de Berkevi, composé par Cazi Zâdè Istàmbollu Ahmed-effendi. Cet ouvrage, dont le texte et le commentaire forment un volume in-8°, a été imprimé en 1240 (1825). Une première édit. avait paru à Constantinople en 1219 (1805), et une troisième y a été publiée en 1841. En 1822, M. Garcin de Tassy a donné une traduction française abrégée de cet ouvrage, sous le titre d'*Exposition de la foi musulmane*.

13. مجموعة المهندسين *Medjmou'at ul-muhendisin*, le Recueil des géomètres. Un vol. in-12, en turc, imprimé à la fin de djemaziul-akher 1240 (février 1825), par Hussein Rifki; ouvrage déjà publié à Constantinople vers 1801.

14. اصول هندسه *Ouçouli hendrè*, Éléments de géométrie;

ouvrage traduit de l'anglais de Bonney Castle, par Hussein Ryfki, accompagné de planches; ouvrage déjà publié à Constantinople vers 1801.

15. رسالة الصرف مع حواشى *Risâlet essarf ma' havâchi*, ouvrage grammatical arabe, accompagné de gloses marginales. Un vol. in-4°, imprimé en 1240 (1825).

16. جداول موقع عقرب الساعة على الشهور القبطيّة *Djedd-ill mevqa' 'aqreb essâ'at aléchehouhour el-qybthiiet*, Calendrier copte, ou Tables de la chute de l'aiguille des heures pour les mois coptes. Un vol. in-18; 1241 (1825).

17. معرّبة سنة شمسية *Mu'arribet senet chemsiiet*, Concordance de l'année solaire avec l'année lunaire, par Jahia el-hekim. Un vol. in-8°. 1241 (1825).

18. لغم رسالهسى *Laghoum risâlèsi*, Traité des mines en usage à la guerre. Un vol. in-8°, en turc, avec planches. 1241 (1825).

19. جوهر التوحيد *Djevher attevhid*, la Perle de l'union ou de l'unité), traité arabe en vers sur la mysticité. Imprimé au mois de djemâzi-ulewel 1241 (décembre 1825).

20. هندسه ومساحه رسالهسى *Hendèsè vè mesâha risâlèsi*, Géométrie et Arpentage. Un vol. en turc, avec planches lithographiées; 1241 (1825).

21. فى اصول العلوم الطبيّة *Fi ouçoul el-'ouloum etthybbiié*, Éléments des sciences médicales, en arabe, d'après le traité de Fr. Vacca, professeur à l'université de Pise. Deux vol. in-8°; 1242 (1826).

22. كتاب الانشا *Kitâb ul-inchâ*, Épistolaire, en arabe, en deux parties. La première renferme des lettres à toutes sortes de personnes, la seconde contient des actes en tous genres. Un vol. in-8°.

23. بديع الانشا والصفات فى المكاتبات والمراسلات *Bedi'-ul-inchâ vessifât fil-mekâtibât vel-murâselât*, Singularité de l'art

épistolaire et modèle de lettres en tous genre, par le cheikh Mer'y ben Youçouf ben Eboubékr ben Ahmed el-Moucaddeci. Un vol. in-8°. 1242 (1826). Formulaire de lettres arabes très-estimé.

24. شرح الاجرومية *Chehrul-uljaroumfié*, Commentaire sur la Djaroumia. Un vol. in-8°, en arabe; 1241 (1826).

25. السلّم المروّق *Essullem el-mureveyq*, l'Échelle brillante, traité en vers arabes sur l'art de penser. Un vol. imprimé vers la fin du mois de djemâziul akber 1241 (fév. 1826).

26. مشارع الاهواق الى مصارع العشاق ومشير الغرام الى دار السلام *Mechâri' ul-echvâq ila meçâry' ul-'ochchâq oua muchîr el-ghourâm ila dâr usselâm*, les Routes des désirs vers les rendez-vous des amants, et le Guide de la passion vers le séjour de la paix; traité, en arabe, du mérite et des devoirs de la guerre sacrée, c'est-à-dire de la guerre que les musulmans sont obligés de faire aux peuples qui ne sont pas de leur religion. Un vol. in-8°; 1242 (1826).

27. رياض الكتبا وحياض الادبا *Riâz el-koutébâ oua huiâz al-oudébâ*, les Jardins des écrivains, et les Bassins ou Sources des gens bien élevés, formulaire de lettres et de requêtes de tout genre, en turc, par Haïret-effendi. Un vol. gr. in-4°. 1242 (1826).

Ce recueil, écrit avec art, mais dans un style un peu trop emphatique, se compose de huit jardins ou livres, dont le premier renferme les lettres adressées au sultan; le second, celles adressées aux principaux fonctionnaires du sérail; le troisième, celles adressées au grand vizir; le quatrième, celles adressées au mufti, et le cinquième contient les pièces relatives aux mollas et aux professeurs de collége, etc.

28. Vers turcs adressés au pacha actuel d'Égypte, Mehemmed Aly, au sujet de ses exploits. Un vol. in-12; 1243 (1826).

29. لمع يسيرة فى علم الحساب *Lem'un techrat fi 'ylmet-hysâb*, Traité du calcul, en arabe, par le cheikh Chehâb-eddin

Ahmed ibn-Mohammed ibn-'Ymad. Un volume in-8°; 1242 (1826).

30. وسالة فى قوانين الملاحة عملا *Riçâlet fi yavânîn el-me-lâhat 'ameld*, Traité de la navigation pratique, en turc, d'après le Traité français de l'amiral Truguet. Un vol. in-12. 1242 (1826). Ouvrage déjà imprimé à Constantinople vers 1787.

31. اصول المعارف فى تصفيف سفاين دونتما وفنّ تدبير حركاتها *Ouçoul el-me'driff fi tasffsi sefâini donanma vè fenni tedbiri harekiâtiha*, Traité de l'alignement des vaisseaux de guerre et de leurs manœuvres. Un vol. in-4°, en turc. 1242 (1826). Accompagné de 13 planches gravées.

32. مفتاح الدرّيّه فى اثبات القوانين الدرّيّه *Miftâh-ud-derrïet fi isbâtil yavânîn ed-derrïë*, la Clef de la Porte pour la détermination des règles du dialecte persan employé dans le style épistolaire et les pièces de chancellerie. Un vol. in-4° en arabe, imprimé à la fin du mois de rebi ul-akhyr 1242 (novembre 1826).

33. كتاب التقاط الازهار فى محاسن الاشعار *Kitâb ulti-qâth el-ezhâr fi mehâcin ul-ach'âr*, la Guirlande de fleurs des beautés de la poésie, recueil de poésies arabes. Un vol in-8°; 1242 (1827).

Ces fragments avaient déjà été recueillis et publiés avec une traduction et des notes par M. J. Humbert de Genève, sous le titre d'*Anthologie arabe*.

34. محاسن الآثار وحقايق الاخبار *Mehâcin ul-açâr vè ha-qâiq ul-akhbâr* (les Beautés des faits historiques et les vérités de la tradition). Ce sont les Annales de l'empire ottoman par Vaeyf-effendi (Voyez le n° 62 de ce catalogue). Un vol. in-4° en turc, 1243 (1827).

35. تاريخ انورى *Tarykhi Envèri*. Chronique ottomane en turc par Anvéri-effendi. Cette chronique embrasse l'histoire

de Turquie depuis l'an 1173 (1759) jusqu'en 1183 (1769).
Un vol. in-4°.

Ce n'est ici que la deuxième partie de l'ouvrage, la seule que
M. Reinaud ait eue sous les yeux. Cette partie commençait à la
page 132 et finissait à la page 265.

36. قانوننامهٔ بحريّة جهاديه *Qânoûnnâmèi bahriët djihâ-
diïè*, Règlement de la marine militaire. Un vol. in-8° en
turc; 1242 (1827).

37. Ouvrage portant le même titre et sur le même sujet
que le précédent. Un vol. in-8° en turc; 1242 (1827).

38. سياست نامه جهاديّة بحريه *Sidect-nâmèi djihâdiïèi bah-
riè*, Code de discipline pour les troupes de la marine, par
Osman Nour-eddin. Un vol. in-4°; 1242 (1827).

39. مواح الارواح *Miràh ul-eroàh* (le Repos des esprits):
Cours complet de grammaire arabe, par Ahmed ben Aly ben
Maçoud. Cette partie traite de la formation des mots. *Le
Miràh ul-eroàh* se compose en outre : 1° de l'*Issi*, par le
cheïkh Yzzet-eddin ben Ibrahim; 2° du *Mascond*, œuvre pré-
sumée de l'imam Yousouf Haneli. (Cette partie contient l'introduction des verbes.) 3° du *Bind*, ou construction gram-
maticale, et 4° des *Emsilèt*, ou tables des conjugaisons. Ce
cours de grammaire, imprimé à Boulac au mois de rebi ul-
evvel 1244 (septembre 1828), avait déjà été publié à Constantinople en 1233 (1818).

40. Ouvrage grammatical arabe, sans nom d'auteur. Un
vol. in-8°; 1244 (1828).

41. Ouvrage sur le même sujet que le précédent. Un vol.
in-8° en arabe; 1244 (1828).

42. Ouvrage sur le même sujet que le précédent. Un vol.
in-8° en arabe; 1244 (1828).

43. *Conjugaisons arabes*. Un vol. in-8°.

44. *Traité du prétérit et de l'imparfait*, en arabe. Un vol.
in-8°; 1244 (1828).

45. Les six traités précédents réunis en un seul volume.

46. كتاب كلستان *Kitâbi gulistân*, le Gulistan de Sa'adi. Un vol. in-8° en persan; 1244 (1828). Voir le n° 209 de ce catalogue.

47. كتاب پند نامه *Kitâbi pend-nâmè*, le Livre des conseils, en vers persans, par Ferid eddin Atthar. Un vol. in-8°; 1244 (1828). Voir les n° 14 et 149 de ce catalogue.

48. خدمت الجاوش *Khydmet el-djâouch*, Service du sergent. Un vol. in-8°, en arabe; 1244 (1828).

49. قتربنه تاريخى *Qaterina tarykhi*, Histoire de l'impératrice Catherine II de Russie, précédée d'un court aperçu de l'histoire de la Russie depuis son origine, par Castera; traduite du français en turc par Jacovaki Argyropoulo, employé du Divan. Un vol. petit in-folio; 1244 (1829). Voir le n° 60 de ce catalogue.

50. الجلد الرابع من كتب شانى زاده فى علم الطبّ *El-djild errâbi' min koutoubi châni zâdè fy 'ilm atthybb*, le quatrième d'entre les cinq livres de Châni Zâdè, en turc, sur les opérations chirurgicales. Un vol. in-8°; 1246 (1830); ouvrage déjà imprimé à Constantinople en 1235 (1820), et sur lequel l'auteur de ce catalogue a publié une notice en 1831.

51. قانون نامه انقياد واطاعت عسكريّه *Qânoun nâmè'i inqyâd vé 'ytâ'ati 'askeriè*. Deuxième édition de l'ouvrage d'Ahmed Khalil effendi, Code de discipline militaire, imprimé pour la première fois en 1238 (1823) et cité sous le n° 4 de ce catalogue. Un vol. in-4°, réimprimé à Boulac au mois de chevval 1245 (mars 1830).

52. درّي تكتا *Dourri tektâ*, la Perle intacte, traité dogmatique sur la religion musulmane. Un vol. in-4°, imprimé à Boulac au mois de cha'ban 1245 (février 1830); ouvrage déjà imprimé à Constantinople en 1243 (1827). Voir le n° 117 de ce catalogue.

53. تحفهٔ وهبى *Tohfei Vehbi.* Dictionnaire persan-turc, par Vehbi. Un vol. in-folio imprimé en 1245 (1830); ouvrage déjà publié à Constantinople en 1213 (1798). Voir le n° 154 de ce catalogue.

54. خدمت الاونباشيه *Khydmet ul-oubâchtië.* Le service du caporal. Un vol. en arabe; 1246 (1830).

55. سير وبسى *Sieri Vêici*, Chronique de Vêici; vie militaire du prophète, et exposition des miracles qu'il a opérés pour attester sa mission. Un vol. en turc; 1245 (1830).

56. تقويم سنة ١٢٣٥ *Taqelmi senét*....... Calendrier turc pour l'année 1235 (1830)[1].

———

57. طوبجيه بغير اشكال *Thopdjïë beghaïri echkidl*, le Manuel de l'artilleur; ouvrage sans figures. Un vol. en turc, imprimé en 1246 (1831). Prix : 24 piastres 12 paras[2].

58. طوبجيه با اشكال *Thopdjïë bâ echkidl*, le même ouvrage que le précédent, accompagné de figures ou planches. Un vol. en turc; 1246 (1831). Prix : 45 piastres 14 paras

59. اصول الهندسه *Ouçoul ul-hendècè*, Éléments de géométrie en turc. Un vol. 1246 (1831). Deuxième édition. Prix : 26 piastres 36 paras.

60. قانون سوارى *Qânonni souvâri*, Règlement pour la cavalerie. Un vol. en turc; 1246 (1831). Prix : 18 piastres.

61. يكنجى قترينه نام روسيه ايمپراتورچه نك تاريخى *Ikindji Qaterina nâm Roucia imperâthoritchanuñ tarykhi*, Histoire de Catherine II, impératrice de Russie, traduite du français, de Castera, par Jacovaki Arghiropoulo, interprète du Divan;

<hr>

[1] Ici se termine l'ensemble des deux catalogues de MM. de Hammer et Reinaud.

[2] La piastre turque (غروش *ghourouch*), de 40 paras l'une, vaut dans ce moment (premiers mois de 1843) environ 22 centimes.

deuxième édition en un vol. in-folio, revue et corrigée par Sa'ad Oullah Amedi-effendi, imprimée à Boulac, vers le milieu de djemâzi ul-evvel de l'année 1246 (1831). Prix : 15 piastres. Voir le n° 49 de ce catalogue.

62. كبت وعبي *Nekhbeti Vehbi*, Vocabulaire turc, persan, arabe, extrait du dictionnaire de Vehbi, ouvrage déjà mentionné sous le n° 53 de ce catalogue. Un vol. impr. en 1246 (1831). Prix : 6 piastres.

63. تاريخ واصف *Tarykhi Vâcyf*, deuxième édition des Annales de Vacyf-effendi. Un vol. in-folio en turc, impr. en 1246 (1831). Prix : 29 piastres. La première édition de cet ouvrage se trouve mentionnée, avec son titre turc, sous le n° 34 de ce catalogue.

Ces Annales, qui avaient déjà été imprimées à Constantinople en 1804, embrassent l'histoire de l'empire ottoman, depuis l'année 1752 jusqu'en 1775. L'auteur Ahmed Vacyf-effendi, l'un des historiographes en titre وقايع نويس (*vaqâi nuvis*), qui remplit les fonctions d'ambassadeur en Espagne, et de reis effendi à Constantinople, a continué le manuscrit de ces annales jusqu'en 1802, un peu avant la mort de Selim III. Il est à regretter que cette dernière partie n'ait pas encore été imprimée. C'est des Annales de Vacyf-effendi que M. Caussin de Perceval a extrait le Précis historique de la guerre des Turcs et des Russes, qu'il a publié en un vol. in-8°, en 1822.

64. مجموع الهندسه *Medjmou' ul-hendicè*, Traité complet de géométrie en turc. Un vol. impr. en 1247 (1832). Prix : 26 piastres.

65. تاريخ بوناپارته *Tarykhi Bonâpârta*, Extrait du Mémorial de Sainte-Hélène. Un vol. trad. du français en turc, imprimé en 1247 (1832). Prix : 4 piastres.

66. فى تعليم الحربه والمزراق *Fi ta' lim ul-harbu vel-mizrâq*, Théorie du maniement de la baïonnette et de la lance. Un volume en turc ; 1248 (1833). Prix : 15 piastres.

67. رياض الابرار *Riyâz ul-ebrâr*, le Jardin des gens de

bien, fragments historiques composés par Abd ul-Aziz-effendi. Un vol. imprimé en turc, 1248 (1833). Prix : 35 piastres.

68. اخلاق علمى *Akhlâqi 'ylâmi*, Principes de morale. Un vol. en turc, imprimé en 1248 (1833). Prix : 24 piastres.

69. ترجمة سير الحلبي *Terdjemet sier el-Halebi*, Traduction et commentaire en turc de l'ouvrage de Ibrahim el-Halebi sur la vie et les actions du prophète, par Seid Ahmed 'Ylm. Un vol. imprimé au mois de zilhidjé 1248 (1833). Prix : 25 piastres.

70. ذيل سير نبوى *Zeili sieri nebevi*, Appendice à la vie du prophète. Cet ouvrage, composé par Fazil Nâby, commence à l'an 3 de l'hégire et continue jusqu'à la mort du prophète. Un vol. en turc, imprimé en 1248 (1833).

71. سليمان نامه *Suleimân-nâmé*, Histoire du sultan Soliman. Un vol. en turc, imprimé en 1248 (1833). Prix : 17 piastres.

72. رسالة المعادن *Rifâlet ul-me'âdin*, Traité des mines, traduit du français en arabe par le cheikh Refâ'a. Un vol. imprimé en 1248 (1833). Prix : 5 piastres.

73. تشريح بشرى *Techryhi becheri*, Anatomie du corps humain; traduit du français en arabe par Hanna Anhouri. Un vol. imprimé en 1248 (1833). Prix : 37 piastres 20 paras.

74. قانون الصحّة *Qânoûn ussyhut*, des Règles de l'hygiène et de la médecine appliquées au corps humain; traduit du français en arabe par Georges Vidal. Un vol. impr. en 1249 (1834). Prix : 40 piastres.

75. رسالة فى علم البيطاريه *Rifâlet fi 'ylm ul-buithârit*, Traité de l'art vétérinaire, traduit du français en arabe par Yousouf Fara'oun. Un volume en arabe, imprimé en 1249 (1834). Prix : 7 piastres 36 paras.

76. سبحة صبيان *Sibhet sybiân*, le Rosaire des enfants, vo-

cabulaire arabe-persan-turc. Un volume imprimé en 1249 (1834). Prix : 5 piastres 20 paras. (Ouvrage déjà imprimé à Constantinople en 1217 (1802).

77. قلائد المفاخر فى اخلاق بلاد اوروبا *Qaláïd ul-mefá-khyr fi akhláqi biládi ourobá*, ouvrage qui traite des mœurs et usages des peuples de l'Europe. Un volume en arabe, par le cheikh Refa'a, impr. en 1249 (1834). Prix : 15 piastres. (Ceci est, je pense, l'ouvrage de Depping, intitulé *Mœurs et usages des nations*.)

78. رسالة فى علم جرّ الاثقال *Riçálèï fi 'ylmi djerri ulesqál*, Traité de la mécanique, trad. du français en turc par Edhembey. Un volume imprimé en 1249 (1834). Prix : 25 piastres.

79. انشاء عزيز افندى *incháï 'Aziz efendi*, Formulaire de lettres missives composé par Aziz-effendi. Un vol. en turc, imprimé en 1249 (1834). Prix : 16 piastres.

80. تاريخ ايطاليا *Tarykhi Ithália*, le premier volume de l'Histoire d'Italie par Botta, traduit en turc par Hassan effendi. Un vol. imprimé en 1249 (1834). Prix : 30 piastres.

81. تشريح بيطارى *Techrïhi baïthárï*, Traité d'anatomie vétérinaire (d'après Girard), traduit du français en arabe par Yousouf Fara'oun. Un volume imprimé en 1249 (1834). Prix : 30 piastres.

82. تاريخ بونابارته *Tarykhi Bonápárta*, traduction du premier volume des Mémoires du duc de Rovigo. Un volume en turc, imprimé en 1249 (1834). Prix : 20 piastres.

83. قوماندارى سوارى *Qomándárï souvárï*, commandements de la cavalerie. Un volume en turc, imprimé en 1250 (1835). Prix : 25 piastres.

84. قانون البارود *Qánoun el-bároud*, Traité de la fabrication de la poudre. Un volume en turc, imprimé en 1250 (1835). Prix : 14 piastres 30 paras.

85. داخليه *Dákhylïè*, Règlement pour les manœuvres de

l'infanterie à l'intérieur. Un volume en arabe, imprimé en 1250 (1835). Prix : 16 piastres.

86. قاموس يعنى علم لغة العرب المتن عربى والشرح تركى *Qâmous iu'ni 'ylmi loghat el-'arab el-metn 'arabi vouchcherch tourki*, le Camous, grand dictionnaire arabe expliqué en turc par Acim effendi. Trois volumes in-folio imprimés en 1250 (1835). Prix : 260 piastres. (C'est le grand et riche dictionnaire de Firouz abâdi, qui avait déjà été imprimé à Constantinople de 1814 à 1817 sous le titre de الاقيانوس البسيط *El-Oqidnous el-bacîth fi terdjemet el-Qâmous el-mouhyth* فى ترجمة القاموس المحيط.

87. بتولوجيه يعنى رسالة فى الطبّ البشرى *Batologiata'ni riçâlet filthibb el-becheri*, Traité de pathologie. Un volume en arabe, trad. de Bayle par Hanna Anhouri, imp. en 1250 (1835). Prix : 64 piastres.

88. قانون للاسبتالية *Qânoun lil-osbîtâlia*, Règlement pour les hôpitaux. Un volume en turc imp. en 1250 (1835). Prix : 9 piastres.

89. انشاء العطار *Inchâ' al-atthâr*, Formulaire de lettres missives composé par le cheikh Ahmed el-Atthâr. Un vol. en arabe imprimé en 1250 (1835). Prix : 6 piastres.

90. رحلة الشيخ رفاعه يعنى اخبار بلاد اوروبا *Ryhlet uch-cheikh Rafâ'a iu'ni akhbâri bilâd ourobâ*, Voyage en France du cheikh Refâ'a. Un vol. en arabe imprimé en 1250 (1835). Prix : 15 piastres. (M. Caussin de Perceval a donné dans la 2ᵉ série, tome IX du Journal asiatique, une analyse de cette relation de voyage.)

91. لغاريتمه *Loghârîtma*, Traité des logarithmes. Un vol. imprimé en 1250 (1835). Prix : 12 piastres. (Ouvrage déjà imprimé à Constantinople, en 1232 (1817).

92. رسالة فى علم لجراحة البشرية *Riçâlet fi 'ylmel-djérâhat el-becheriè*, Traité de chirurgie, traduit du français en arabe par Hanna Anhouri. Un volume imprimé en 1250 (1835).

93. رسالة فى علم الطبّ البيطارى *Riçâlè fi 'ylm atthybb el-baïthârî*, Traité de médecine vétérinaire traduit du français en arabe par Yousouf Fara'oun. Un volume imprimé en 1250 (1835). Prix : 8 piastres 10 paras.

94. الطاعون *Etthâ'oun*, la Peste, traité sur les quarantaines, par Clot-bey. Petit cahier en arabe, imprimé en 1250 (1835). Prix : 30 paras.

95. قانون نامهٔ بيطارى *Qânoun nâmèï baïthâri*, Traité des règles de l'art vétérinaire. Un volume en turc et en arabe, traduit du français par Yousouf Fara'oun, imprimé en 1250 (1835). Prix : 3 piastres.

96. مناسك الحج *Mendeïk ul-hadj*, Des devoirs ou pratiques du pèlerinage, ou Guide des pèlerins qui vont à la Mecque, par El-hadj Mohammed Edib. Un volume en turc, imprimé en 1250 (1835). Prix : 6 piastres. Cet ouvrage avait déjà été imprimé à Constantinople en 1232 (1817) sous le double titre de نهجن المنازل *Nehdjet ul-menâzil*, la Grande voie des stations, et de كتاب مناسك الحج *Kitâb mendeïk ul-hadj*.

En 1825, l'auteur de ce catalogue a traduit et inséré, dans le 2e volume des Mémoires de la société de Géographie, toute la partie de cet ouvrage relative à la géographie.

97. شرح حافظ *Cherhi Hâfiz*, Commentaire turc sur le divan de Hâfiz par Sou'di. Trois volumes imprimés en 1250 (1835). Prix : 100 piastres.

98. جغرافيه صغيره *Djoghrâfiaï saghyrè*, Petit traité de géographie en arabe, traduit du français par Refâ'a-effendi. Un vol. imprimé en 1250 (1835). Prix : 11 piastres.

99. سنوسيه *Sinoucïè* ou رساله فى علم التوحيد *Riçâlè fi 'ylm uttevhïd*, Catéchisme sur l'unité de Dieu, composé par Senoci. Un petit cahier en arabe, imprimé en 1250 (1835). Prix : 1 piastre.

100. داخليه *Dâkhlïè*, Règlement des manœuvres de l'in-

fanterie pour le service à l'intérieur. Un volume en turc, imprimé en ١٢٥١ (1836). Prix : 31 piastres 10 paras.

101. برهان قاطع *Burhâni qâthy'*, l'Argument tranchant. C'est le dictionnaire persan d'Ibn-Khalef, arrangé et traduit en turc par Ahmed Emin, imprimé en ١٢٥١ (1836). Un volume in-folio. Cet ouvrage avait déjà été imprimé à Constantinople en ١٢١٤ (١٧٩٩).

102. همايون نامه *Humâïoun-nâmè*, Le livre impérial, nom donné à cet ouvrage par allusion à la dédicace qu'en fit l'auteur à sultan Soliman Ier, empereur des Ottomans. C'est la traduction turque du livre de *Kelîlè vè Dimnè* ou des fables de Bidpay, faite sur la version persane de Hussein Vaëz, par Aly Tchelebi, professeur à Angora, dans le collège fondé par Amurad II. Un vol. en prose et en vers turcs, imprimé, en ١٢٥١ (1836), en caractères neskhy et ta'liq. Prix : 67 piastres. (En ١٨١٦, M. de Sacy, dans la préface du texte arabe de son *Kelîlè vè Dimnè*, page 51, a donné une note explicative sur le *Humâïoun-nâmè* d'Aly Tchelebi.)

103. طوبخانه وجبخانه *Thopkhânè vè djebkhânè*, De l'arsenal et des munitions de guerre. Un volume en turc, imp. en ١٢٥١ (1836). Prix : 13 piastres 20 paras.

104. قانون اوّل وثانى سوارى *Qânouni evvel vè sânii souvâry*, Premier et second Règlements pour l'instruction de la cavalerie. Un volume en turc, imprimé en ١٢٥١ (1836). Prix : 16 piastres 20 paras.

105. قانون ثالث سوارى *Qânouni sâlici souvâri*, Troisième Règlement pour l'instruction de la cavalerie. Un vol. en turc, composé par Kiâni-bey, imprimé en ١٢٥١ (1836).

106. تحفة الضابطان *Tohfet uzzâbithân*, le Manuel des officiers, théorie de l'infanterie et de la cavalerie. Un vol. en turc, composé par Kiâni-bey, et imp. en ١٢٥١ (1836). Prix : 11 piastres.

107. قانون رابع وخامس سوارى *Qânouni râbi vè khâmici*

souvâri, Quatrième et cinquième Règlements pour l'instruction de la cavalerie. Un volume imprimé en turc, en 1251 (1836). Prix : 18 piastres.

108. كتاب الف ليله وليله *Kitâb elf lèïlè vaua leïlè*, le texte arabe des Mille et une Nuits. Deux vol. in-4°, imprimés en 1251 (1836). Prix : 100 piastres.

109. معرفت نامه *Ma'rifèt-nâmè*, sorte d'Encyclopédie traitant successivement des croyances musulmanes, de la cosmologie, de l'anatomie, etc. composée par Ibrahim Hakki. Un vol. petit in-fol. en turc, impr. en 1251 (1836). Voir le n° 175 de ce catalogue.

110. قواعد حربيّه *Qavâ'ydè harbïïè*, Principes de l'art militaire. Un volume, en turc, imprimé en 1251 (1836). Prix : 15 piastres.

111. فضائل الجهاد *Fezâïl ul-djihâd*, des Avantages et Mérites de la guerre sacrée. Un vol. en arabe, impr. en 1251 (1836). Prix : 10 piastres.

112. اشكال سوارى *Echkâli souvâri*, Planches ou Figures pour l'instruction de la cavalerie. Un vol. gravé en 1251 (1836). Prix : 40 piastres.

113. مثنوى *Mesnevi*, ouvrage de Morale et d'Ascétisme, composé en vers appelés *mesnevi*, dont chacun rime avec celui qui le suit immédiatement. C'est la traduction turque et le commentaire du célèbre ouvrage de Djelâl-eddin Roumi, par Kelëvi, en trois vol. imprimés en 1251 (1836). Prix : 300 piastres.

114. كتاب كليله ودمنه *Kitâb kelïlè vè dimnè*, Traduction des Fables de Bidpay, en arabe, par Abdoullah el-Moqaffa. Un vol. imprimé en 1251 (1836). Prix : 17 piastres 30 paras. M. de Sacy a également publié un texte arabe de cet ouvrage en un vol. in-4°, impr. en 1816, à l'Imprimerie royale de France.

115. رساله فى علاج الجرب *Riçâlè fi ylâdj ul-djerb*, du Trai-

tement de la gale, par Clot-bey. Un petit cahier imprimé en arabe en 1251 (1836). Prix : 30 paras.

116. علم الطب البيطارى الهيئة الظاهره *El-hetet uzzáhirè*, ou *'ylm utthibb el-butthári*, Traité de Médecine vétérinaire, trad. du français par Youçouf Fara'oun. Un vol. impr. en arabe, en 1251 (1836). Prix : 6 piastres 30 paras.

117. حلية الناجى *Huliet unnáûji*, l'Ornement du sauvé ou du prédestiné, traité de la prière et des conditions nécessaires à l'accomplissement des devoirs religieux. Deux vol. en arabe, imprimés en 1251 (1836). Ouvrage déjà imprimé à Constantinople en 1244 (1828).

118. شرح الازهرى *Cherh ul-ezheri*, Commentaire sur le Traité de syntaxe arabe de Azhâri. Un vol. imprimé en 1252 (1837). Prix : 4 piastres.

119. درّيكتا *Dourri tekta* (la Perle unique ou intacte), 2e édition du traité dogmatique selon le rit de l'imam Abou Hanifè, imprimé pour la première fois à Boulac, en 1836. (Cet ouvrage avait été également imprimé à Constantinople en 1827.) Un vol. en turc, imprimé en 1252 (1837). Prix : 5 piastres.

120. تذكرة الحكام فى طبقات الامم *Tezkeret ul-hukkâm fy thabaqât el-umem*, Biographie et classification des peuples. Un vol. en turc, 1252 (1837). Prix : 45 piastres.

121. اجرومّيه *Adjaroumitu*, 2e édit. du Traité de Syntaxe arabe de ce nom, composé par Ibn-Abi-Erroumi Essahádji. Un petit cahier imprimé en 1252 (1837). Prix : 1 piastre. Voir le n° 8 de ce catalogue.

122. الهندسة الوصفيه *El-hendecet ul-vasfiiè*, Traité de la géométrie descriptive, trad. du français en arabe par Youmi effendi. Un vol. imprimé en 1252 (1837). Prix : 5 piastres 12 paras.

123. رسالة فى الهندسه *Riçâlet fil-hendecè*, autre Traité de

Géométrie, traduit du français par Edhem-bey. Un vol. en
en turc, imprimé en ١٢٥٢ (1837). Prix : 28 piastres 5
paras.

124. تاريخ فى ما قد الغلاسفه *Tarykhi qoudemâ el-felacefé*, Histoire des anciens philosophes, traduite du français par Refâ'a-
effendi. Un vol. en arabe, imprimé en ١٢٥٢ (1837). Prix :
28 piastres 5 paras.

125. قانون الصباغة *Qânoun assybâghat*, l'Art de la teinture. Un vol. en arabe, imprimé en ١٢٥٢ (1837). 2ᵉ édit.
Prix : 10 piastres 20 paras. (Voir le nᵒ 2 de ce catalogue.)

126. فيزولوجيا *Fiz 'ogia*, Traité de Physiologie, traduit
du français en arabe par Aly Habé. Un vol. impr. en ١٢٥١
(1837). Prix : 10 piastres 20 paras.

127. مقالات الهندسه *Meqâlât ul-hendecé*, Axiomes de Géométrie, traduits du français en turc par Edhem-bey. Un
vol. imprimé en ١٢٥٢ (1837). Prix : 6 piastres 36 paras.

128. ابن عقيل عرح الفيه *Ibn 'Aqyl cherh al-fiia*, Commentaire d'Ibn 'Aqyl sur le Traité en vers intitulé l'*Alfiia*
d'Ibn Malek. Un vol. en arabe, imprimé en ١٢٥٢ (1837).
Prix : 16 piastres.

129. اقراباذين *Aqrâbâdin*, Pharmacopée, ou Traité de la
préparation des remèdes, traduit du français en arabe par
Yacoub. Un vol. imprimé en ١٢٥٢ (1837). Prix : 32 piastres
20 paras.

130. تعطيم الجدرى *Ta'thym ul-djederi*, Inoculation de la
vaccine, par Clot-bey. Un vol. en arabe, imprimé en ١٢٥٢
(1837). Prix : 30 piastres.

131. المقاله الاوّله من الهندسه *El-meqâlet el-evvelé min el-
hendecé*, Axiome élémentaire sur la Géométrie, traduit du
français par 'Yemel-effendi. Un vol. en arabe, imprimé en
١٢٥٢ (1837). Prix : 2 piastres 30 paras.

132. جواب نامه *Khâb-nâmé*, le Livre de l'interprétation

des songes, par Vissyl. Un vol. en turc, imprimé en 1252 (1837). Prix : 3 piastres.

133. ديوان راغب *Divâni Râghyb*, le Divan ou Recueil des poésies de Râghyb-effendi. Un vol. en turc, en caractères ta'liqs, imprimé en 1252. Prix, 27 piastres.

134. ديوان سامى *Divâni Sâmî*, le Divan ou Recueil des poésies de Sâmî. Un vol. en turc, imprimé en caractères ta'liqs, en 1252 (1837). Prix : 25 piastres.

135. متن الالفيّه *Metn ul-alfiia*, le texte de l'Alfiia, grammaire arabe en vers, par Ibn Malek. Un vol. imprimé en 1253 (1838). Prix : 3 piastres 20 paras.

M. de Sacy a donné également un texte de ce même ouvrage en un vol. in-8°, imprimé aux frais du comité des traductions orientales de Londres. Ce texte est mentionné dans le tome XII de la seconde série du Journal Asiatique.

136. كتاب الشذور الذهب *Kitâb-echchozor uzzeheb* (le Livre des parcelles d'or), Traité de syntaxe arabe, par Ibn Hacham. Un vol. imprimé en 1253 (1838). Prix : 18 piastres 20 paras.

137. كتاب فصوص *Kitâbi fuçous*, Traité des croyances musulmanes et des sentences du Prophète, par Muhii-ed-din. Un vol. en turc, impr. en 1253 (1838). Prix : 82 piastr.

138. طوطى نامه *Thouthi nâmè*, le Livre du perroquet, contes et apologues, traduits du persan en turc par Sary Abdoullah-effendi. Un vol. imprimé en 1253 (1838). Prix : 64 piastres.

139. ترتيب الدواوين *Tertib eddevâvin*, de la Formation des Conseils (Divans), règlement pour l'administration. Un vol. en arabe, imprimé en 1252 (1838). Prix : 5 piastres.

140. التشريح العام *Ettechryh ul-âmm*, Traité d'Anatomie générale, traduit du français en arabe par Ibrahim Ennebravi. Un vol. impr. en 1253 (1838). Prix : 8 piastres 20 paras.

141. شرح القطر *Cherh ul-qathar*, Traité de syntaxe arabe, composé par Ibn-Hacham. Un vol. imprimé en 1253 (1838). Prix : 16 piastres 25 paras.

142. ديوان پرتو افندى *Dîvân Pertev-efendi*, Divan ou Recueil des poésies de Pertev-effendi, ancien kiaïa-bey ou ministre de l'intérieur sous le règne du sultan Mahmoud. Un vol. en turc, en caractères ta'liqs, imprimé en 1253 (1838). Prix : 16 piastres 20 paras.

143. الترجمان *Etterdjumân*, l'Interprète, vocabulaire arabe-turc. Un vol. impr. en 1253 (1838). Prix : 4 piastres 20 paras.

144. حديقة السعدا *Hadîqat ussou'âda*, le Jardin des Bienheureux, histoire de plusieurs prophètes et saints musulmans. Un vol. en turc, imprimé en 1253 (1838). Prix : 23 piastres.

145. السواد الاعظم مشتمل على اسيال واجوبه *Essouâd el-'uzem mûchtemil ulu eciâl u edjvibè*, Traité de l'orthodoxie dans l'islamisme, par demandes et réponses. Un vol. en arabe, impr. en 1253 (1838). Prix : 3 piastres 30 paras.

146. ديوان وهبي *Dîvâni Vehbi*, Divan ou Recueil des poésies de Vehbi. Un vol. en turc, imprimé en 1253 (1838). Prix : 37 piastres.

147. كليات ابي البقا *Kulliât Abil-Béqâ*, les OEuvres complètes d'Aboul-Baqa, encyclopédie scientifique, en arabe. Un vol. imprimé en 1853 (1838). 1re édition. Voir le n° 173 de ce catalogue.

148. ديوان غالب *Dîvâni Ghâlib*, Recueil des poésies du cheïkh Galeb. Un vol. imprimé en 1253 (1838).

149. پند نامه *Pend-nâmé*, deuxième édition du Livre des conseils, par le cheïkh Atthar. (Voyez les n°s 47 et 217 de ce catalogue.) Un vol. impr. en 1253 (1838).

150. ديوان نايلي *Dîvâny Nâili*, Recueil des poésies de

Naïly. Un vol. en turc, imprimé en 1253 (1838). Voir le n° 180 de ce catalogue.

151. قانون الزراعة *Qânoun uzzirâ'at*, Règles et préceptes d'agriculture appliqués particulièrement à l'Égypte. Un vol. en turc, imprimé en 1254 (1839). Prix : 4 piastres.

152. نفر وبلوك *Nefer vè beuluk*, Soldat et Compagnie (École du caporal); deuxième édition de l'ouvrage indiqué au n° 54. Un vol. en turc, imprimé en 1254 (1839). Prix : 18 piastres.

153. المنطق *El-munthyq*, la Logique (de Dumarsais), traduite en arabe par Refâ'a-effendi. Un vol. impr. en 1254 (1839). Prix : 5 piastres 5 paras.

154. تاريخ المصريين *Tarykh el-Mysriin*, Histoire des anciens Égyptiens, par Refâ'a-effendi. Un vol. en arabe, imprimé en 1254 (1839). Prix : 21 piastres.

155. تاريخ اسكندر رومي *Tarykhi Iskenderi Roumi*, Histoire d'Alexandre le Grand. Un vol. en turc, impr. en 1254 (1839). Prix : 17 piastres 30 paras.

156. تحفة وهبي *Tohfei Vehbi*, deuxième édition du Vocabulaire rimé persan-turc de Vehbi, à l'usage de la jeunesse. Un vol. imprimé en 1254 (1839). Prix : 17 piastres 30 paras. Voir le n° 53 de ce catalogue.

157. ديوان نيازى *Divâni Niâzi*, Divan ou Recueil des poésies de Niâzi. Un vol. en turc imprimé en 1254 (1839). Prix : 13 piastres 10 paras.

158. لطايف نصر الدين خواجه *Lethâïfi Nasr-eddin khodja*, Contes facétieux de Nasr-eddin-khodja. Un vol. en turc, imprimé en 1254 (1839). Prix : 4 piastres.

Nasr-eddin-khodja est un personnage dont la célébrité est devenue populaire chez les Turcs, par l'originalité de son caractère, de ses bouffonneries et de ses réparties, quelquefois spirituelles, mais le plus souvent obscènes et de mauvais goût. Nasr-eddin-Khodja, qui naquit à Sivri-Hyssar, près d'Angora, vivait au commencement du XIV° siècle.

159. ديوان فضولى *Dîvâni Fuzouli*, Divan ou Recueil des poésies de Fuzouli. Un vol. en turc, impr. en 1254 (1839). Prix : 23 piastres.

160. الطبيعه مع اشكال *Etthaby'a mu'echkidl*, Histoire naturelle, avec figures; traduite du français par Hanna Anhoury. Un vol. en arabe, imprimé en 1254 (1839). Prix : 29 piastres.

161. جغرافيه الطبيعه *Djoghrâfia etthaby'a*, Géographie naturelle, traduite du français par Ahmed Errachidi. Un vol. en arabe, imprimé en 1254 (1839). Prix : 16 piastres.

162. جغرافيه عموى فى كيفيّت الارض *Djoghrâfia 'oumoumi fi kéïfiïet ul-arz*, Géographie universelle, traduite du français en arabe par Refâ'a-effendi. Un vol. imprimé en 1254 (1839). Prix : 20 piastres.

163. شرح الشمايل *Cherh uchchamâil*, Commentaire sur le *Chamaïl*, ouvrage qui traite des qualités du Prophète; par Hassan-effendi. Un vol. imprimé en 1254 (1839). Prix : 44 piastres.

164. الموقوفاتى *El-mevqoufâti*, Traduction turque et commentaire du Multeca (Code universel) d'Ibrahim Halebi, par Mehemmed Mevqoufati. Un vol. in-fol. imprimé en 1254 (1839). Prix : 118 piastres.

165. الاربطة للجراحيه *El-erbathat el-djerâhiè*, Traité des bandages employés en chirurgie; traduit du français en arabe par Ibrahim Ennebravi. Un vol. imprimé en 1254 (1839). Prix : 14 piastres 30 paras.

166. حاشية الطهطاوى على الدرّ المختار *Hâchiet atthahthâvi 'aledourr el-moukhtâr*, Notes marginales de Thahthâvi, sur l'ouvrage intitulé *Dourr el-moukhtár* (la Perle choisie):

Traité de jurisprudence, d'après le rit de l'imam Abou-Hanifé. Un vol. en arabe, imprimé en ١٢٥٤ (1839). Prix : 36 piastres.

167. نعريف نامه يعنى كتاب فى ترتيب العساكر *Ta'rîf-nâmè i'ani kitâb fi tertîb al-açâkir*, Enseignement et organisation militaires. Un vol. en turc, impr. en ١٢٥٤ (1839). Prix : 63 piastres 3 paras.

168. تعليم الاى *Ta'lîmi ulài*, Exercice de l'infanterie (École du bataillon). Un vol. en turc, impr. en ١٢٥٥ (1840). Prix : 25 piastres.

169. تعليم اورطه *Ta'lîmi orthu*, Exercice de l'infanterie par compagnie. Un vol. en turc, imprimé en ١٢٥٥ (1840). Prix : 30 piastres.

170. تعليم الاورطه *Ta'lîm ul-orthu*, ouvrage sur le même sujet que le précédent. Un vol. en arabe, imprimé en ١٢٥٥ (1840). Prix : 17 piastres.

171. تحفة خيرات *Tohfeti khaïrât*, Vocabulaire turc-persan-arabe, par Haïret-effendi. Un vol. à l'usage de la jeunesse, imprimé en ١٢٥٥ (1840). Prix : 6 piastres.

172. قانون الزراعة *Qânoun uzzirâ'at*, Traité d'agriculture, ou Code agricole, d'après la méthode européenne. Un vol. en arabe, imprimé en ١٢٥٥ (1840). Prix : 4 piastres.

173. كليات ابى البقا فى جميع العلوم *Kulliâti Aboul-Beqâ fi djemy' ul-'ouloum*, Deuxième édition de l'Encyclopédie scientifique d'Aboul-Beqa. Un vol. en arabe, impr. en ١٢٥٥ (1840). Prix 65 piastres 10 paras.

174. لائحة مواعيد المهمات فى قواعد مهمات الجهادتيه *Lâihati merâ'ydil-muhimmât fi qavâ'ydi muhimmât el-djihâdïiè*, des Approvisionnements et des munitions de guerre. Un vol. en turc, impr. en ١٢٥٥ (1840). Prix : 15 piastres 30 paras.

175. معرفت نامه *Ma'rifet-nâmè*, deuxième édition de

— 35 —

l'Encyclopédie déjà indiquée au n° 109 de ce catalogue. Un vol. en turc, imprimé en 1255 (1840). Prix : 76 piastres.

176. علم حال 'Ylmi hâl, catéchisme. Un vol. en turc, imprimé en 1255 (1840). Prix : 1 piastre.

177. ديوان نديم افندى Dîvâni Nedim-efendi, Divan, ou Recueil des poésies de Nedim-effendi. Un vol. en turc, imprimé en 1255 (1840). Prix : 20 piastres.

178. تعليم الاطفال Ta'lim al-ethfâl, Instruction, ou Enseignement primaire, par Yahia el-Hekim. Un vol. en arabe impr. en 1255 (1840). Prix : 8 piastres 30 paras.

179. نشان رفعة Nichâni Rif'at, Divan, ou œuvres poétiques de Rif'at. Un vol. en turc, impr. en 1255 (1840). Prix : 31 piastres.

180. ديوان نايلى Dîvâni Nâili, Deuxième édition de l'ouvrage indiqué n° 148 de ce catalogue. Un vol. en turc, imprimé en 1255 (1840). Prix : 19 piastres.

181. خمس نركسى Khamsi nerkesi, Contes turcs par Abdoull'ah Elkys. Un vol. imprimé en 1255 (1840). Prix : 19 p.

182. المادّه الطبيه بيطاريه El-mâddet etthibbiet baïthâriie, Médecine vétérinaire traduite du français en arabe par Youçouf Fara'oun. Un vol. en arabe, imprimé en 1255 (1840). Prix : 17 piastres.

183. تشريح عام بيطارى Techryhi 'âmmi baïthâri, Traité général d'anatomie vétérinaire. Un vol. en arabe, imprimé en 1255 (1840), et trad. du français par Youçouf Fara'oun. Prix : 6 piastres 30 paras.

184 الامراض العامّه البيطاريه El-amrâz el-'âmmè el-baïthâriie, Partie de l'art vétérinaire qui traite des maladies des bestiaux en général; traduit du français en arabe par Youçouf Fara'oun. Un v. impr. en 1255 (1840). Prix : 8 piastres.

185 سياحه نامه Siâhat-nâmè, le voyage du cheikh Refâ'a,

traduit de l'arabe en turc par Roustem-effendi. Un vol. imprimé en 1255 (1840). Prix : 19 piastres 5 paras.

186. شرح ديوان سيدنا على *Cherhi divâni Seïdna 'Ali*, Commentaire sur le divan de Seïd Ali ; traduit de l'arabe en turc par Sa'd-eddin ben-Suleïman. Un vol. imprimé en 1255 (1840). Prix : 55 piastres 10 paras.

187. سفينة راغب فى جميع العلوم *Sefinet râghyb fi djemy' al-'ouloum*, Encyclopédie par Raghyb-effendi. Un vol. en arabe, imprimé en 1255 (1840). Prix : 88 piastres.

188. دده جنكى *Dedè djenqui*, Traité de grammaire composé par Darendevi. Un vol. en arabe, impr. en 1255 (1840). Prix : 23 piastres.

189. ديوان عزّة افندى *Divâni 'Yzzet efendi*, Divan, ou recueil des poésies de 'Yzzet-effendi, plus connu sous le nom de 'Yzzet-molla. Un vol. petit in-folio, en turc, imprimé en caractères ta'liqs ; 1255 (1840). Prix : 73 piastres. Ceci est le premier divan de cet auteur ; plus tard, il en a composé un second qui a été imprimé à Constantinople en 1256 (1841), sous le titre de عزّت مللانك خزّان الآثار اصميله مسمّى اولان ايكلجى ديوانى *Yizzet mollânuñ khouzzân al-âçâr ismilè mucemmu olân ikindji divâni.*

'Yzzet-molla, qui mourut à Constantinople il y a peu de temps, s'était d'abord fait connaître par son esprit d'opposition et ses vers injurieux même contre sultan Mahmoud. L'une de ses boutades satiriques parut tellement outrageante au souverain, qu'elle valut à l'auteur une disgrâce complète et quelques années d'exil. Cependant, dans les dernières années de sa vie, 'Yzzet-molla étant rentré en grâce, revint dans la capitale, où il se montra sujet aussi soumis et aussi dévoué au sultan, qu'il lui avait d'abord été contraire.

190. روح البيان فى تفسير القرآن *Rouh al-beïân fi tefsir al-qourân*, Commentaire du Coran, par Ismaïl Haqqy. Deux vol. en arabe, imprimés en 1255 (1840). Prix : 700 piastres.

101. شرح المحمدية *Cherh ul-Mouhammediiè*, Commentaire en turc sur le Mouhammediiè, ou Biographie de Mahomet; trad. de l'arabe par Ismaïl Haqqy. Un vol. imprimé en 1255 (1840). Prix : 200 piastres.

102. الهندسة *el-Hendecè*, Traité de la géométrie de Legendre; traduit du français en arabe par Ysmet-effendi. Un vol. en arabe, imprimé en 1255 (1840). Prix : 21 piastres.

103. نفرو بلوك *Nefer ou benluk*, Soldat et compagnie, exercice de l'infanterie. Un vol. en arabe, imprimé en 1256 (1841). Prix : 15 piastres 10 paras.

104. قانون للاسبيتالیه مع اشكال *Qânoun lil-osbitâliè ma' echkiâl*, Traité réglementaire pour les hôpitaux; ouvrage accompagné de planches. Un vol. en arabe, impr. en 1256 (1841). Prix : 9 piastres 5 paras.

105. بركلى شرحى *Birgueli cherhi*, Catéchisme ou exposé de la foi musulmane d'après le rit de l'imam Abou Hanifè, par Mohammed ibn Pir Ali, connu sous le nom de Birgueli. Un volume en turc, imprimé en 1256 (1841).

106. حاشية الكنغرى *Hâchiet ul-Kinghari*, Notes marginales de Kenghari. Un volume en turc, imprimé en 1256 (1841). Prix : 120 piastres.

107. معالجة الأعين *Mou'âledjet ul-ouïoun*, Traitement des yeux, ou l'Art de l'oculiste; traduit du français par Ahmed Errachidi. Un volume en arabe, imprimé en 1256 (1841). Prix : 30 piastres.

108. حاشية السلكوتى فى علم النحو *Hâchiet assilkiouti fy 'ylm ennahou*, Notes marginales sur le Sialkiouti (ouvrage de syntaxe arabe), par Abdul Ghafour. Un volume imprimé en 1256 (1841). Prix : 61 piastres.

109. ديوان حافظ *Dîwâni Hâfiz*, le Divan de Hafiz. Un volume en persan, imprimé en 1256 (1841). Prix : 35 piastres.

200. سزائی كلشنی *Sezai gulcheni*, Divan de Sezai. Un vol. en turc, imp. en 1256 (1841). Prix : 3o piastres.

201. رشحات *Rechhât*, les Gouttes ou émanations aqueuses, traité de la science mystique ou de la vie contemplative (علم تصوّف), par Safi Oullah. Un volume en turc, imprimé en 1256 (1841). Prix : 54 piastres.

202. منهاج الفقرا *Menhâdj ul-fouqarâ*, la grande Voie de la direction des faqyrs; ouvrage sur le même sujet que le précédent, composé par Kingharavi. Un volume en turc, imp. en 1256 (1841). Prix : 45 piastres.

203. شرح قصيدة البرده *Cherh qasidet ul-borda*, Commentaire sur l'hymne appelé *Borda*, composé à la louange du prophète; traduit de l'arabe en turc, par Ahmed Moustafa. Un vol. imprimé en 1256 (1841). Prix : 13 piastres.

204. التحفة السليميه فى علم التوحيد *Ettohfet usselimiè fi'ylm utterhid*, ouvrage sur l'Unité de Dieu, composé par Selim-effendi. Un vol. en turc, imprimé en 1256 (1841). Prix : 5 piastres.

205. فيزولوجيا *Fizologia*, Traité de physiologie vétérinaire, traduit du français en arabe par Yousouf Fara'oun. Un volume imprimé en 1256 (1841). Prix : 10 piastres.

206. الامراض الظاهره فى الطبّ البيطارى *El-umrâz uzzahirè fittibb el-baithâri*, Partie de l'art vétérinaire qui traite des maladies apparentes, traduit du français en arabe par Yousouf Fara'oun. Un vol. imp. en 1256. Prix : 20 piastres.

207. محرم افندى فى علم البيان *Mahrem efendi fi'ylm el-beiân*, Traité de rhétorique par Mahrem-effendi. Un vol. en arabe, imprimé en 1256 (1841). Prix : 123 piastres.

208. كتاب جبر المقابله مكمّله ترجمه بيومى افـــــدى *Kitâbi djebr el-muqâbelè mukemmelè teredjemo Buioumi-efendi*, Cours d'algèbre complet, traduit en arabe par Buioumi-effendi. Un vol. imp. en 1256 (1841). Prix : 45 piastres.

209. گلستان سعدى *Gulistâni Sa'adi*, le Gulistan de Sa'adi. Un volume en persan, imprimé en caractères ta'liqs, en 1257 (1841). Prix : 12 piastres.

210. كتاب الجيولوجيه *Kitâb el-giologia*, Traité de géologie, traduit en arabe par Ahmed Qaïd-effendi. Un vol. imprimé en 1257 (1842).

211. الكعراوى *El-kegrâoui*, Traité de syntaxe arabe, par le cheïkh Kegraoui [1]. Un vol. imprimé en 1257 (1842). Prix : 10 piastres.

212. جملة الصرف *Djumlet ussarf*, Cours complet de grammaire arabe. Un vol. impr. en 1257 (1842). Prix : 6 piastr. Ouvrage déjà imprimé à Constantinople en 1234 (1819).

213. قانون الزراعة *Qânoun uzzirâ'at*, Traité des règles de l'agriculture, ou Code agricole appliqué à l'Égypte. Un vol. en arabe, impr. en 1257 (1842). Prix : 4 piastr. 30 par.

214. الشيخ خالد فى علم النحو *Echcheïkh Khâled fi 'ylm ennahou*, Traité de syntaxe arabe, par le cheïkh Khâled. Un volume imprimé en 1257 (1842). Prix : 4 piastres 30 paras.

215. داخليه *Dâkhyliè*, Règlement et instruction pour l'infanterie à l'intérieur. Un volume en arabe, imprimé en 1257 (1842). Prix : 4 piastres 20 paras.

216. تعليم الاى عربى *Ta'limi ulât 'arabi*, École du régiment pour l'infanterie arabe. Un volume en arabe, imprimé en 1257 (1842). Prix : 4 piastres 20 paras.

217. پند عطّار *Pendi 'Atthâr*, troisième édition du Livre des Conseils par 'Atthar. Un volume imprimé en persan, en 1257 (1842). Prix : 4 piastres. C'est le *Pend-nâmèh* dont M. de Sacy a publié, en 1819, le texte et la traduction en français. Voir les numéros 47 et 149 de ce catalogue.

---

[1] Je soupçonne ici une erreur du copiste arabe. Ce nom, je pense, est peut-être celui de كفوى *Kefevi*, l'auteur d'un commentaire sur le بنا *binâ*, ou tables des conjugaisons arabes.

218. سياست نامه يعنى قانون للمملكة المصريه *Siacet-namé l'ani qânoun lil-memleket il-mysriïe*, Règlement des administrations en Égypte. Un volume imprimé en 1257 (1842). Prix : 1 piastre 8 paras.

219. علم النباتات *'Ylm unnebâtât*, Traité de botanique, traduit du français en arabe, par Hanna Anhouri. Un vol. imp. en 1257 (1842). Prix : 20 piastres 20 paras.

220. قانون الطوبجية الجديد *Qânoun etthopdjiet el-djedîd*, Règlement pour la nouvelle artillerie à cheval. Un vol. en turc, imprimé en 1257 (1842).

221. كتاب نظم اللآلى فى السلوك فيمن حكم فرانسا من الملوك *Kitâb nazm ul-le'âli fissoulouk fimen hukm frança min el-mulouk*, le Collier des perles de la chronologie, ou correspondance des ères, Histoire des rois de France, et Synchronisme de l'histoire mahométane. Un volume en arabe, imprimé en 1257 (1842), traduit et arrangé par Esse'oud, professeur d'arabe et de français à l'école égyptienne pour l'enseignement des langues.

222. مطالع شموس السير فى وقايع كرلوس الثانى عشر *Methâly' choumous esseir fi veqâï 'kurlous essâni 'achar*, le Lever ou l'aurore des soleils errants, histoire de Charles XII, traduite par Mehemmed Moustafa, sous-officier attaché à l'école égyptienne des langues. Un volume en arabe, imprimé en 1257 (1842).

223. كتاب اتحاف الملوك الالبّا بتقدّم للجمعيات فى بلاد اوروبا *Kitâb ithâf el-moulouk el-elibbâ betequdilum el-djem'iât fi bilâd ourobâ*, Offrande ou hommage aux monarques prudents et sages ; de la formation et des progrès de l'ordre social et politique en Europe : traduit et extrait des ouvrages européens, par le cheikh Refâ'a, directeur de l'école égyptienne des langues et chef du bureau des traductions. Un volume en arabe, imprimé au mois de séfer de l'année 1258 (mars 1842).

LISTE

DES OUVRAGES SUR LES SCIENCES EXACTES LITHOGRAPHIÉS, PENDANT L'ANNÉE 1257 (1841-1842), À L'ÉCOLE ÉGYPTIENNE DU GÉNIE (مهندسخانه *MUHENDISKHÂNÉ*), POUR L'USAGE DES COURS ORDINAIRES DE CET ÉTABLISSEMENT.

224. ايدروليك اى علم حركت وموازنت المياه *Idrolik ai 'ylmi hareket u muvâzenet ul-miâh*, Traité de l'Hydraulique, traduit par Ahmed Dougla. Un vol. petit in-fol. en arabe.

225. مثلثات مستويه وكرويه *Muçelleçât musteroutiè ouu kuronetiè*, Trigonométrie rectiligne et sphérique, traduite du français par Ahmed Dougla. Un vol. in-4°, en arabe.

226. زيوديزيه اى فنّ اعمال لخرط العظيمه *Giodésiè ai fenni 'ymâl el-khurt el'aztmè*[1], Traité de Géodésie, par Ibrahim Ramazan-effendi. Un vol. en arabe.

227. مكانيقه اى علم جر الاثقال *Mekâniqa ai 'ylm djerr ul-esqâl*, Traité de la Mécanique. Un vol. traduit du français en arabe par Mehemmed Bioumi et Ahmed Thavouil-effendi.

228. تركيب آلات *Terkibi-âlât*, Construction des Machines, par Ahmed Thavouil-effendi. Un vol. en arabe.

229. حساب التّمام والتّفاضل *Hysâb uttamâm vettefâzil*, Calcul intégral et différentiel. Un vol. en arabe, traduit du français par Mahmoud Ahmed-effendi.

230. كتاب علم لحساب *Kitâb 'ylmul-hisâb*, Traité d'Arithmétique. Un vol. en arabe, par Ali Bedevoui-effendi.

[1] Ce mot, qui signifie l'art de mesurer et de diviser les terres, serait mieux défini, je pense, de la manière suivante : فنّ سباحت وتوزيع الاراضى

SUPPLÉMENT

AUX OUVRAGES IMPRIMÉS DEPUIS 1830, MAIS DONT L'IMPRESSION
EST D'UNE DATE INCERTAINE.

231. من اللامع *Metn ul-lâmi'*, Traité d'Arithmétique. Un vol. en arabe. Prix : 6 piastres 20 paras. (Voir le n° 29 de ce catalogue).

232. مرأت الكاينات *Mirât ul-kâïnât*, le Miroir des êtres ou des choses créées. Histoire universelle. Un vol. en turc. Prix : 285 piastres.

233. حكايات ابن على سينا *Hikiâiât ibn 'Ali Sinâ*, Contes féeries d'Avicenne. Un vol. en turc. Prix : 30 piastres.

234. ديوان نشامت *Dîvâni Nech'at*, Divan ou Recueil des poésies de Nech'at. Un vol. en turc. Prix : 36 piastres.

235. ديوان سرورى *Dîvâni Serveri*, Divan ou Recueil des poésies de Serveri. Un vol. en turc. Prix : 100 piastres.

236. ديوان فطنه خانم *Dîvâni Fytnè khânum*, Divan ou Recueil des poésies de Fytnè (Œuvres poétiques d'une femme). Un vol. en turc. Prix : 12 piastres.

237. ديوان عاصم *Dîvâni Acym*, Divan d'Acym. Un vol. en turc. Prix : 40 piastres.

238. ديوان نفى *Dîvâni Nef'i*, Divan de Nef'y. Un vol. en turc. Prix : 40 piastres.

239. ترتيب اوردو *Tertîbi ordou*, Organisation et disposition des camps. Un vol. en turc. Prix : 12 piastres 20 paras.

240. خمبره جدولى *Khoumbara djedveli*, Table du jet des bombes. 2° édition de l'ouvrage indiqué au n° 3 de ce catalogue. Un vol. en turc. Prix : 16 piastres.

241. فى تعمير الاسلحه *Fi ta'mîr ul-esliha*, de la Réparation et de l'entretien des armes. Un vol. en turc. Prix : 18 piast.

242. تعليم عساكر خفيفة *Ta'limi 'askiri khaffé*, Instruction pour l'infanterie légère. Un volume en turc. Prix : 9 piastres.

243. رساله الملاحة *Reçâlet ul-melâhat*, 2ᵉ éd. de l'Instruction pour la Marine. Un vol. en turc, trad. de Truguet. Prix : 9 piastres. Ouvrage déjà imprimé à Constantinople en 1828.

FIN.